MINISTÈRE DE L'AGRICULTURE ET DU COMMERCE.

EXPOSITION UNIVERSELLE INTERNATIONALE DE 1878
A PARIS.

RAPPORTS DU JURY INTERNATIONAL.

GROUPE VI. — CLASSE 60.

LE MATÉRIEL ET LES PROCÉDÉS
DE LA PAPETERIE,
DES TEINTURES ET DES IMPRESSIONS,

PAR

M. ERMEL,

INGÉNIEUR, PROFESSEUR À L'ÉCOLE CENTRALE,
CHARGÉ DE LA FABRICATION DES BILLETS À LA BANQUE DE FRANCE.

PARIS.
IMPRIMERIE NATIONALE.

M DCCC LXXXI.

RAPPORT

SUR

LE MATÉRIEL ET LES PROCÉDÉS

DE LA PAPETERIE,

DES TEINTURES ET DES IMPRESSIONS.

MINISTÈRE DE L'AGRICULTURE ET DU COMMERCE.

EXPOSITION UNIVERSELLE INTERNATIONALE DE 1878
A PARIS.

GROUPE VI. — CLASSE 60.

RAPPORT

SUR

LE MATÉRIEL ET LES PROCÉDÉS

DE LA PAPETERIE,

DES TEINTURES ET DES IMPRESSIONS,

PAR

M. ERMEL,

INGÉNIEUR, PROFESSEUR À L'ÉCOLE CENTRALE,
CHARGÉ DE LA FABRICATION DES BILLETS À LA BANQUE DE FRANCE.

PARIS.

IMPRIMERIE NATIONALE.

M DCCC LXXXI.

RAPPORT

SUR

LE MATÉRIEL ET LES PROCÉDÉS

DE LA PAPETERIE,

DES TEINTURES ET DES IMPRESSIONS.

COMPOSITION DU JURY.

Sir Sydney Waterlow Bart, M. P., *président*.................. Angleterre.

MM. Laboulaye (C.), *vice-président*, ingénieur expert, ancien fabricant de papier, membre du comité d'admission à l'Exposition universelle de 1878............................. } France.

Ermel, *secrétaire-rapporteur*, ingénieur, professeur à l'École centrale, chargé de la fabrication des billets à la Banque de France, membre des comités d'admission et d'installation à l'Exposition universelle de 1878...................... } France.

Anderson (A.), professeur à l'École supérieure technique....... } Suède et Norwège.

Duysberg, industriel à Huy.......................... Belgique.

Turquetil, *suppléant*, fabricant de papiers peints, membre du conseil d'administration de l'Union centrale des arts appliqués à l'industrie, membre du comité d'admission à l'Exposition universelle de 1878............................. } France.

NOTIONS GÉNÉRALES SUR LA CLASSE.

La classe 60 comprend le matériel et les procédés de la papeterie, des impressions et des teintures, c'est-à-dire qu'elle se subdivise en trois sections bien tranchées :

1re section. — Matériel et procédés de la papeterie ;

2e section. — Matériel et procédés des impressions ;

3e section. — Matériel et procédés de la teinture.

Gr. VI.
—
Cl. 60.

Les deux premières industries, indispensables pour répandre l'instruction et la lumière dans toutes les classes de la société, sont d'une importance toute particulière.

N'est-ce pas à l'invention du papier et à celle de l'imprimerie que nous devons le livre, cet instrument si précieux pour l'enseignement des hommes? Ne sont-ce pas ces mêmes inventions qui, en permettant la vulgarisation de toutes les découvertes, ont contribué le plus puissamment à en faire de nouvelles?

Où en seraient les connaissances humaines, si le papier et l'imprimerie, véritables véhicules de la pensée, n'avaient pas été inventés? Il est permis d'affirmer que les peuples seraient encore dans l'enfance, et que si quelques esprits supérieurs avaient percé quand même, la généralité des hommes serait encore plongée dans une ignorance profonde.

La papeterie et l'imprimerie ont donc contribué dans une large mesure aux progrès de la civilisation, et à ce point de vue l'on peut dire que les résultats si remarquables de la grande Exposition de 1878 se rattachent tous, plus ou moins directement, à ces deux industries.

Il est inutile d'insister plus longuement pour montrer que les machines et les appareils qui composent la classe 60, sont dignes, par leur importance au point de vue des services qu'ils ont rendus, ou qu'ils sont appelés à rendre en répondant aux besoins de l'intelligence humaine, d'occuper une des premières places dans l'industrie.

Sur les 228 exposants de la classe 60 qui ont apporté leurs produits à l'Exposition de 1878, 150 étaient Français et 78 étrangers. Or en 1867, il y avait en tout 183 exposants, dont 99 Français et 84 étrangers. On voit que, pendant que le nombre des exposants français augmentait de moitié d'une exposition à l'autre, celui des exposants étrangers diminuait un peu.

Cette diminution ne peut être attribuée à l'abstention de l'Allemagne et du Brésil, car, d'un autre côté, la Norwège, la Suisse et la Russie, qui n'avaient pas fourni de produits en 1867 à la classe 59 correspondante à la classe 60 de l'Exposition de 1878, ont présenté en 1878 un nombre d'exposants sensiblement égal à celui des exposants allemands et brésiliens de 1867.

Le tableau suivant donnera, pour les Expositions de 1867 et de 1878, la classification des exposants français et étrangers par rapport aux trois subdivisions de la classe 60.

		EXPOSITION DE 1867.		EXPOSITION DE 1878.	
		EXPOSANTS français.	EXPOSANTS étrangers.	EXPOSANTS français.	EXPOSANTS étrangers.
Matériel et procédés	de la papeterie.....	16	25	34	32
	des impressions.....	78	58	108	46
	de la teinture......	5	1	8	//
	Totaux...........	99	84	150	78
Nombre total des exposants.		183		228	

Ce tableau montre :

1° Que le nombre total des exposants a augmenté de 45 pour l'année 1878 ;

2° Que cette augmentation provient complètement de la France dont le nombre des exposants a augmenté de 51 pour 1878, tandis que celui des nations étrangères a diminué de 6 ;

3° Que le nombre des exposants français a augmenté pour chacune des trois subdivisions de la classe, et que les exposants pour les procédés de la papeterie sont ceux dont le nombre a augmenté dans la plus forte proportion, puisqu'il a plus que doublé d'une exposition à l'autre ;

4° Que la diminution du nombre des exposants étrangers porte sur la subdivision de la classe comprenant le matériel et les procédés des impressions. Cette diminution s'explique par l'abstention de l'Allemagne, qui a empêché les constructeurs bavarois de présenter, comme en 1867, leurs machines d'imprimerie qui avaient été fort appréciées à cette époque. Il eût été très intéressant en 1878 de pouvoir comparer les progrès qu'ils ont pu faire avec ceux obtenus par les exposants des autres nations.

En résumé, l'Exposition de 1878 prouve que les exposants des différentes nations ont fait de très grands efforts pour apporter leurs outils et leurs procédés les plus perfectionnés, et qu'en particulier la France, qui était la mieux placée pour briller dans ce tournoi pacifique, a complètement répondu, pour la classe 60, à l'espoir qu'on avait conçu en présence des très grands efforts de ses constructeurs.

On reconnaîtra, en effet, dans la suite de ce rapport, que non seulement le nombre et l'importance des objets exposés dans la section française sont plus considérables en 1878, qu'ils ne l'avaient été en 1867, mais encore que les outils nouveaux ou complètement modifiés, qui étaient au Champ de Mars, prouvent le développement considérable qu'ont pris en France les industries du papier et de l'imprimerie.

La valeur des produits exposés par les 150 exposants français se monte au chiffre considérable de 1,385,000 francs, tandis qu'en 1867 la valeur des objets exposés de la même classe pouvait s'élever à peine à 500,000 francs. Cette différence provient du nombre et surtout de l'importance plus considérable des machines exposées en 1878.

L'étude particulière de chacune des branches qui composent la classe 60 va mettre en évidence les progrès les plus importants réalisés depuis la dernière exposition dans le matériel et les procédés de la papeterie, des impressions et de la teinture.

CHAPITRE PREMIER.

MATÉRIEL ET PROCÉDÉS DE LA PAPETERIE.

§ 1er. HISTORIQUE.

Il me paraît utile de faire précéder cette étude de quelques considérations historiques sur la fabrication du papier depuis son invention, qui remonte au IIe siècle de l'ère chrétienne.

C'est environ 100 ans après Jésus-Christ que le papier a été inventé en Chine; mais ce ne fut que beaucoup plus tard que les Arabes, qui connaissaient l'art de faire des feuilles de papier avec des écorces, de vieux chiffons de coton ou de chanvre, introduisirent ces procédés en Espagne et en Sicile.

D'après Edrisi, géographe arabe, il existait vers 1150, à Xativa, ancienne ville du royaume de Valence, aujourd'hui connue sous le nom de San-Felipe, des fabriques qui donnaient un papier excellent, que l'on expédiait en Orient et en Occident.

A partir de cette époque, l'art de fabriquer le papier se répand en Italie, en Espagne, puis, vers le XIVe siècle, en France et en Allemagne. Il ne pénétra en Angleterre que 200 ans plus tard.

Les premiers papiers devant entrer en concurrence avec le parchemin et le vélin, qui servaient seuls pour l'écriture et l'impression, ont été de qualité tout à fait supérieure; on obtenait ce résultat en employant une pâte à papier convenable, faite avec d'excellents chiffons de toile, de chanvre ou de lin non blanchis ni lessivés, afin de conserver à la fibre toute sa force.

La trituration de ces chiffons s'obtenait au moyen d'une batterie de pilons, rangés les uns à côté des autres; la pâte ainsi préparée, on fabriquait la feuille en plongeant dans la cuve une forme ou tamis convenablement disposé.

Vers 1750, Baskerville, pour éviter les rugosités que présentait le papier obtenu de cette manière, employa pour les formes un tissu très serré.

C'est à la Hollande qu'on doit l'appareil connu sous le nom de *pile à papier*, qui remplace la batterie de maillets. La pile à papier est formée par un cylindre armé de lames tranchantes en acier, qui déchirent le chiffon beaucoup mieux que les pilons.

Quant aux essais de fabrication du papier continu, qui était destiné à remplacer celui à la main et à la cuve, ils furent faits à Essonnes, vers la fin du siècle dernier, dans la papeterie de François Didot.

Ne pouvant trouver en France les capitaux, les constructeurs et le fabricant nécessaires pour faire réussir cette invention, M. Didot fils alla en Angleterre, où il prit, avec son beau-frère, M. John Gamble, une *patent* en 1801, puis une seconde en 1803.

Après de longs essais et de grandes dépenses faites dans la papeterie de MM. Fondriver à Dartford, la machine à papier put être réalisée, grâce à l'ingénieur mécanicien Donkin.

Enfin en 1826, M. Canson, fabricant de papier à Annonay, applique à la machine à papier des pompes aspirantes, qui enlèvent par aspiration une partie de l'eau contenue dans la feuille de papier, aussitôt qu'elle est formée sur la toile métallique. Cette aspiration a le grand avantage de donner de la consistance à la feuille de papier, ce qui permet de la presser sans l'écraser.

Depuis lors, la machine à papier a reçu des perfectionnements très importants sans doute; mais le principe même de la machine n'a pas été modifié. On a pu s'en convaincre en examinant les trois machines à papier exposées en 1878 dans les sections française, belge et suisse.

Telles sont les notions historiques très succinctes que j'ai cru utile de rappeler, avant d'aborder l'étude des objets exposés en 1878 concernant le matériel de la papeterie.

§ 2. DESCRIPTION SPÉCIALE DES PROCÉDÉS DE LA PAPETERIE.

En se reportant au tableau que nous avons donné plus haut, on voit que le nombre des exposants en 1878 a été de 66, tandis qu'il n'avait été que de 41 à l'Exposition de 1867; il faut constater en outre que l'importance des objets exposés a été bien plus **Gr. VI.** grande en 1878. Ainsi, pour ne citer qu'un exemple, à l'Expo- — sition de 1878 le public a eu sous les yeux trois machines à **Cl. 60.** papier complètes, dont une en marche; tandis qu'en 1867 il n'y en avait qu'une, exposée par la Belgique, et elle ne produisait pas de papier. L'Exposition de 1878 offrait donc au public ce grand avantage, de lui montrer comment on obtenait ce papier, qui joue dans notre civilisation un rôle si considérable. Une seule exposition, avant celle de 1878, avait présenté l'attrait d'une pareille machine en marche, c'est l'Exposition universelle de 1876 aux États-Unis.

La machine à papier qui fonctionnait dans la section française comprenait non seulement la machine proprement dite, mais encore ses accessoires, tels que piles raffineuses, cuvier, sablier, épurateur, machine à couper et à calandrer le papier, etc.

En étudiant l'exposition due à M. Lhuillier, on aura un aperçu assez complet de la fabrication actuelle du papier.

La pâte à papier n'était pas défilée dans l'enceinte même de l'Exposition; elle y arrivait toute défilée, parce que l'emplacement ne permettait pas d'installer les piles défileuses nécessitées par une pareille machine à papier.

Les deux piles en fonte qui servaient à raffiner la pâte à l'Exposition, fournissaient la pâte nécessaire pour les quelques heures de marche de la machine à papier; s'il avait fallu alimenter la machine pendant toute la journée, ces piles n'auraient pas été suffisantes.

La pâte à papier, à la sortie des piles, se rendait dans un grand cuvier en maçonnerie et ciment, muni d'un agitateur à hélice et d'une roue à écopes, donnant une alimentation continue et réglée.

La pâte était fournie ensuite à la machine proprement dite, en tête de laquelle se trouvaient un agitateur et les sabliers nécessaires pour retenir les corps lourds.

Elle passait ensuite à un épurateur tournant de forme carrée, à double effet, de l'invention de l'exposant, et qui permet d'épurer 2,500 kilogrammes de pâte sèche en vingt-quatre heures.

Gr. **VI.**

—

Cl. 60.

De là, la pâte arrivait sur une table de fabrication de 6^m,75 de longueur. Les rouleaux en cuivre rouge de cette table sont munis de tourillons qui reposent dans des gorges pratiquées dans des réglettes en bronze, où se trouvent des cuirs du genre de ceux employés dans les machines américaines.

Le papier formé en feuille passe à la presse humide composée de cylindres en bronze, puis aux presses coucheuses, dont les cylindres supérieurs sont en fonte coulée en coquille, pour les empêcher de se rayer sous l'action des corps durs qui peuvent se trouver dans le papier. Les cylindres inférieurs sont recouverts d'une enveloppe en bronze de 0^m,015 d'épaisseur, qui remplace le caoutchouc durci qu'on emploie souvent.

Le papier est ensuite séché dans une sécherie composée de huit cylindres de 1 mètre de diamètre. Deux de ces cylindres sont supérieurs aux six autres, qui sont placés sur un plan horizontal. Le chauffage de cette sécherie est méthodique, car la vapeur entre par le tourillon du dernier sécheur et sort par un des tourillons du premier, en passant successivement par tous les cylindres sécheurs.

Le papier arrive ensuite au dévidoir portant dix bobines et de là à une découpeuse du système de M. Verny.

Il est enfin calandré dans une calandre à six rouleaux, dont quatre en fonte dure coulée en coquille, et deux en papier.

L'ensemble de ces appareils importants, qui occupaient plus de 400 mètres superficiels, a fonctionné à l'Exposition sous l'habile direction de MM. Darblay et Béranger, propriétaires de la grande papeterie d'Essonnes. Ces messieurs s'étaient entendus avec M. Lhuillier pour faire fonctionner les machines qu'il exposait, et donner à cette exposition un attrait tout particulier pour le public.

La seconde machine à papier était exposée dans la section belge par MM. Dautrebande et Thiry de Huy. Elle est intéressante parce qu'elle comporte des perfectionnements de premier ordre, dont les principaux sont les suivants :

L'épurateur de la machine est à fond plat ; seulement, pour bien empêcher les corps lourds et les chapelets de passer, il est divisé en deux parties : la pâte passe de bas en haut dans la première partie, et de haut en bas dans la seconde. Les corps lourds sont retenus dans la première partie de l'épurateur, et les filoches dans la seconde.

Gr. VI.
—
Cl. 60.

La table de fabrication a un mouvement de branle variable en marche.

La toile métallique a $10^m,50$ environ sur $2^m,10$ de largeur, pour $1^m,90$ de papier rogné. Elle peut, suivant la fabrication, être réglée de niveau, ou atteindre une pente de $0^m,05$. Elle est tendue par un mouvement parallèle et indépendant à volonté, qui agit sur un lourd rouleau en cuivre, lequel peut être soulevé de $0^m,02$ dans le cas d'un excès de tension de la toile.

Le cylindre de tête, en cuivre fondu, est porté directement sur les longrines, afin de participer exactement au mouvement de la toile, pour éviter tout tiraillement.

Le chariot ou porte-format est réglé parallèlement des deux côtés à la fois, ou d'un seul côté à volonté. Il peut se modifier en marche, par suite de la disposition du tablier en caoutchouc et des règles d'épaisseur supportées au milieu.

Les bacs sous la toile, et la brosse mobile sur le manchon sont bien disposés pour faciliter la bonne marche de la machine.

Les presses humides sont en cuivre coulé, rodées, sans pousser trop le polissage, pour ne pas nuire au rodage. Elles sont percées de petits trous, pour laisser échapper l'air qui pourrait être emprisonné sous les manchons. La pression de ces presses humides se fait par des ressorts qui se tendent ensemble ou séparément à volonté. Le débrayage à friction s'effectue instantanément, en arrêtant le volant.

La pression à ressort du docteur en bois est établie de telle sorte qu'il n'est pas modifié par le déplacement de la presse.

Il est bon de noter aussi le système de graissage des rouleaux qui soutiennent la toile métallique.

La sécherie est composée de trois batteries de sécheurs très bien disposées pour rendre les abords de la machine très faciles. Les cylindres ont leur fond garni d'une enveloppe qui empêche le rayonnement de la chaleur sur les ouvriers, il en résulte une diminution dans la perte de chaleur, ce qui correspond évidemment à une économie de vapeur.

Gr. **VI.**
—
Cl. **60.**

Le réglage de la vapeur dans chaque batterie se fait par le papier lui-même, qui actionne une bascule, réglant l'entrée de la vapeur dans les cylindres.

Enfin, la coupeuse système Verny modifié est appliquée dans cette machine.

La troisième machine à papier, exposée par MM. Escher, Wyn et Cie, de Zurich (Suisse), est aussi très remarquable. Elle est d'un type très répandu en Allemagne, en Autriche et en Italie.

La construction de cette machine est à la fois solide et légère; comme particularités, on doit signaler :

La facilité de changer le format du papier pendant la marche de la machine;

La facilité du démontage du bâti pour enlever les sécheurs;

Le matrissage du papier, qui est bien compris; il est obtenu par un cylindre placé en dessous qui sert à refroidir le papier, et un cylindre supérieur pour le mouiller;

Le coupe-papier horizontal, qui n'offre pas le danger de gâter le papier, comme ceux disposés verticalement.

A côté de cette machine, la même maison exposait une calandre à six rouleaux, qui permet le satinage des deux côtés de la feuille de papier, en un seul passage de la feuille. Le papier est guidé pour empêcher les plis. Cette calandre est à deux vitesses différentes, suivant les besoins.

En dehors de ces trois expositions très importantes, on remarquait aussi un nombre considérable d'appareils et d'objets divers employés dans la papeterie, qui ont obtenu des récompenses pour leurs bonnes dispositions.

L'attention du jury a été appelée, entre autres choses, sur une pile à papier dans laquelle l'alimentation et la trituration étaient distinctes. Pour obtenir ce résultat, la pile porte devant son cylindre une roue à palettes courbes marchant à petite vitesse, tandis que la trituration, qui s'obtient par le cylindre de la pile, marche à très grande vitesse; et comme ce cylindre plonge peu dans la pâte, puisqu'il n'y a plus à la faire tourner, il n'éprouve pas, du fait de la matière, une résistance sensible à son mouvement rapide.

A côté de cette pile à papier, il convient de citer les lessiveurs

rotatifs de papeterie exposés, les uns sphériques pour hautes pres-   **Gr. VI.**
sions, les autres cylindriques pour des pressions moyennes. Ces   —
derniers ont une disposition particulière pour empêcher le retour   **Cl. 60.**
de la lessive et de la pâte dans la chaudière : l'entrée et la sortie
de la vapeur se font par le même tourillon, qui porte une soupape
de sûreté à ressort.

Le lessiveur sphérique exposé dans la section suisse porte, à
l'intérieur, des palettes qui facilitent le malaxage de la pâte.

On pouvait voir aussi, à l'Exposition, des plaques d'épuration
pour la pâte à papier, remarquables par leur exécution. Certaines
de ces plaques étaient percées de fentes qui n'avaient que deux à
trois dixièmes de millimètre de largeur.

Il y avait aussi des calandres très intéressantes pour satiner le
papier. Une de ces machines, exposée dans la section américaine,
était surtout remarquable par le fini de ses cylindres métalliques
trempés, qui étaient si bien ajustés que leur contact était mathé-
matique sur toute la longueur des cylindres et dans toutes les po-
sitions.

Dans la section française étaient exposés des cylindres en
caoutchouc d'une très grande dureté pour presse humide, presse
à satiner, etc. Ces cylindres, par le mode de vulcanisation, pouvaient être amenés à la dureté voulue.

Les machines à rogner le papier étaient très nombreuses; plusieurs de ces appareils pouvaient couper les feuilles sur trois côtés.

Comme outils accessoires de papeterie, il faut citer aussi les
feutres et les toiles métalliques, qui montraient à quel degré de
perfection on en est arrivé dans la confection de ces produits.

On remarquait encore, dans la section anglaise, un rouleau
vergeur ou *dandy-roll*, portant des filigranes clairs très bien faits.

A côté des outils employés pour la fabrication du papier avec
des chiffons de toile ou de coton, on trouvait des appareils qui
servent à la fabrication du papier avec la pâte de bois.

Dans la section suisse était exposée une défibreuse pour le bois,
qui était disposée pour montrer les différents moyens employés pour
pousser sur les meules les bûches à défibrer.

L'Exposition de 1867 fut la première qui montra au public un

Gr. **VI.**
—
Cl. 60.

appareil pour défibrer le bois, de manière à obtenir une pâte propre à la fabrication du papier.

Depuis cette époque, cette industrie a considérablement progressé, surtout dans les pays qui sont possesseurs de grandes forêts et de grandes forces hydrauliques. Aussi, en Suède et en Norwège, la fabrication de la pâte de bois est très considérable. On a pu s'en rendre compte à l'Exposition en examinant les produits d'une dizaine de fabriques norwégiennes qui s'étaient réunies pour faire une exposition collective des différents produits obtenus avec de la pâte de bois.

A côté des produits remarquables de la Suède et de la Norwège, il convient de citer ceux qui figuraient dans la section belge et dans la section française.

Dans la section belge, on pouvait examiner une exposition très intéressante de toutes sortes de pâtes obtenues avec des succédanés. En regard des pâtes, l'exposant montrait le papier fabriqué, ce qui donnait un grand attrait à cette exposition.

Dans la section française, on pouvait examiner une collection de pâtes de bois chimiques. Ces dernières ont le grand avantage, sur la pâte de bois mécanique, d'être beaucoup plus solides. En effet, si l'on examine au microscope la pâte de bois mécanique, on voit qu'elle est composée de petites fibres, ou mieux de petits morceaux de bois très courts et très minces, qui ne peuvent pas se feutrer, de sorte que le papier qu'elle fournit est très peu résistant. Dans la pâte chimique, au contraire, la fibre obtenue est plus mince et plus longue; elle peut se feutrer et donne par suite un papier beaucoup plus solide. Seulement la préparation de la pâte chimique revient beaucoup plus cher que celle de la pâte mécanique.

Il est certain que si l'on arrive à obtenir la pâte chimique à meilleur marché, bien qu'à un prix un peu supérieur à celui de la pâte mécanique, elle remplacera cette dernière. L'avenir de la fabrication du papier avec le bois paraît donc être dans la pâte chimique.

CHAPITRE II.

MATÉRIEL ET PROCÉDÉS DES IMPRESSIONS.

Cette seconde section de la classe 6o est très importante; elle comprend tous les procédés et machines qui ont trait aux impressions sur papier.

Elle peut se subdiviser en trois sections principales :

1° Procédés et matériel de la typographie;
2° Procédés et matériel de la taille-douce;
3° Procédés et matériel de la lithographie.

1° MATÉRIEL ET PROCÉDÉS DE LA TYPOGRAPHIE.

La typographie est la branche la plus importante de l'imprimerie; elle peut être considérée à juste titre comme la première des industries, non seulement parce qu'elle s'adresse à l'intelligence en servant de véhicule à la pensée, et qu'elle concourt ainsi à la civilisation des peuples, mais aussi parce qu'elle a permis de reproduire scrupuleusement, à l'aide de procédés mécaniques, les ouvrages des anciens, qui s'altéraient et se perdaient de siècle en siècle. On peut donc la considérer comme le flambeau de l'intelligence humaine, qui porte la lumière dans le monde entier.

Un des grands mérites de Gutenberg et de ses successeurs a été de reproduire en grandes quantités, avec des caractères en relief, les vieux manuscrits, qui auraient été perdus pour le monde.

Ces caractères typographiques, réunis en formes dans des cadres en fer, constituent des planches dont on peut obtenir des épreuves sur papier, au moyen d'une presse, qui, dans l'origine, était formée d'une platine inférieure recevant la forme, et d'une platine supérieure qui venait, au moyen d'une vis, presser le papier sur les caractères, qui avaient été précédemment encrés.

Si l'on compare les caractères et la forme rustiques employés par Gutenberg avec les beaux spécimens de caractères et les machines à grands tirages actuellement employés, on voit les immenses progrès accomplis dans cet art, grâce aux travaux non interrompus des successeurs de ce grand inventeur.

Pour se rendre compte de l'état actuel de la typographie d'après l'Exposition de 1878, il faut étudier successivement:

Les machines à fondre les caractères;

Les machines à composer;

Les presses mécaniques typographiques.

Quant aux accessoires de ces presses, tels que rouleaux, clichés et encres, je les passerai en revue en même temps que les accessoires de la lithographie.

Machines à fondre.

La fonte des caractères s'est faite d'abord dans des moules que l'ouvrier tenait d'une main, pendant qu'il se servait de l'autre pour couler la matière. Une petite secousse donnée au moule au moment où le métal se figeait, permettait à la matière d'être bien compacte.

Plus tard est venue la machine à fondre américaine, qui conservait le moule du fondeur, mais qui en opérait le remplissage au moyen d'une pompe à métal qui était mise en communication avec le moule.

Depuis, le moule a été modifié par un inventeur anglais, M. Johnson, qui le forma avec une entaille à faces parallèles, ayant juste la dimension du corps du caractère à fondre. Un piston à section rectangulaire peut se mouvoir à frottement dans l'entaille, de sorte que le vide de l'entaille, limité par le piston et la pièce de recouvrement du moule, reste constant et donne toujours la même force de corps à toutes les lettres.

Les machines à fondre exposées en 1878 présentaient quelques particularités; l'une d'elles marchait avec un fourneau à gaz, et elle était disposée de manière à préparer complètement le caractère, c'est-à-dire qu'elle coupait et frottait les caractères après les avoir fondus.

Une autre machine était disposée pour produire des caractères dits *anglais*.

Une troisième machine intéressante était employée à fondre des colonnes de texte pour les journeaux.

Gr. VI.
—
Cl. 60.

Le nombre des machines à fondre était assez restreint, parce que les grands fondeurs n'ont pas exposé leurs machines, mais, au contraire, les produits de ces machines, tels que caractères typographiques, ou les épreuves obtenues avec ces caractères.

Il était évidemment plus intéressant d'examiner et de juger les expositions des grands fondeurs des différents pays en étudiant les produits de leurs machines à fondre, qui, à quelques variantes près sont semblables.

Ainsi en regardant le magnifique ouvrage du saint Évangile, dont les caractères ont été fournis par la fonderie générale de MM. Beaudoire, Traverse et Cie, on a pu reconnaître que cette maison était au premier rang des fonderies typographiques dans le monde entier.

L'étude des beaux spécimens d'impression de caractères exposés par la fonderie de M. Deberny prouve que cette maison ne le cède à aucune autre fonderie française ou étrangère.

Enfin les spécimens exposés par MM. Reed et Fox, de Londres, sont très beaux et comparables à ce qui se fait de mieux en fonderie.

D'autres fonderies très importantes se sont signalées par leurs produits dans les sections américaine, hollandaise, belge, autrichienne, anglaise et française.

Enfin il faut indiquer les produits typographiques envoyés par le Japon, qui font ressortir les progrès très considérables faits par ce peuple depuis peu d'années, progrès qui lui permettent aujourd'hui de lutter avec les produits européens.

En résumé, l'exposition des fonderies typographiques met en évidence les progrès remarquables accomplis dans cet art depuis l'Exposition de 1867. Les exposants sont plus nombreux, ce qui tient au développement considérable qu'a pris cette branche de l'imprimerie pour répondre aux besoins sans cesse croissants des publications de luxe.

Machines à composer.

Depuis longtemps les inventeurs cherchent à remplacer le

travail manuel du compositeur par l'emploi de moyens mécaniques. Des essais nombreux de machines à composer ont été produits aux expositions précédentes; elles reposent généralement sur le principe de lever la lettre au moyen de touches de piano. La lettre étant levée glisse dans une rainure qui la dirige à côté de la lettre précédente. Il faut que les conduits soient bien combinés, pour permettre aux lettres de se rendre à leur place dans le même temps, sans quoi il y a des engorgements qui arrêtent la composition.

A côté de la machine à composer proprement dite, il faut une machine à distribuer; or cette dernière est beaucoup plus difficile à disposer que la première : c'est en grande partie la raison qui a empêché les machines à composer d'être appliquées couramment dans les imprimeries.

A l'Exposition de 1878, deux machines à composer ont été produites : l'une d'elles était ingénieusement combinée pour la correspondance des nouvelles télégraphiques des journaux; à cet effet, la machine à composer pouvait être mise en communication avec le télégraphe, c'est-à-dire qu'au fur et à mesure que le télégraphe parlait, le compositeur lisait la dépêche et la composait par l'intermédiaire du piano-compositeur. On économise ainsi le temps de la transcription de la dépêche, ce qui est important. L'Agence Havas emploie cette machine pour ses correspondances télégraphiques.

A la machine à composer dont il est question plus haut, se trouvait annexée une machine à distribuer, disposée de manière à donner de bons résultats, même avec des caractères un peu usés.

Presses mécaniques typographiques.

Les presses typographiques ont été très nombreuses à l'Exposition universelle de 1878; plus de 40 presses de ce genre se trouvaient au Champ de Mars, tandis qu'en 1867 une douzaine de presses au plus avaient été mises sous les yeux du public.

Plus des trois quarts des presses exposées proviennent de constructeurs français, ce qui prouve que le développement en France de cette fabrication, constaté par le rapport fait en 1867 sur

cette branche d'industrie, ne s'est pas ralenti, et que la supério-
rité acquise par la France s'est affermie encore depuis onze années.

Les presses typographiques exposées peuvent se grouper ainsi :

Presses en blanc;
Presses en deux ou plusieurs couleurs;
Presses en retiration;
Presses à réaction;
Presses rotatives.

Presses en blanc. — La plupart des constructeurs français ont
exposé un modèle de presse en blanc. Il n'y a rien de nouveau
dans ces différents spécimens, qui sont pour la plupart très bien
construits.

La seule machine étrangère de ce système a été exposée par
une maison belge.

Ce type de machine, fort simple, a donc très peu changé depuis onze ans.

Presses en deux ou plusieurs couleurs. — Les machines en deux
couleurs exposées comportent chacune deux compositions placées
sur un marbre. Au-dessus du marbre se trouve le cylindre qui
porte la feuille à imprimer. La distance entre les deux compositions est égale au périmètre développé du cylindre; de sorte qu'au
premier tour du cylindre la feuille à imprimer passe sur la première forme, et qu'au second tour la feuille se trouve en rapport
avec la deuxième forme.

On obtient ainsi une impression à deux couleurs parfaitement
repérée, puisque la feuille ne quitte pas le cylindre, et que le repérage dépend simplement de la position des deux formes sur le
marbre.

Ce genre de machine avait déjà été exposé en 1867 par M. Dutartre, constructeur français, et par MM. König et Bauer, constructeurs bavarois.

En 1878, deux maisons françaises, celle de M. Dutartre et

Gr. **VI**.
—
Cl. **60**.

celle de MM. Alauzet et Cie ont présenté à l'Exposition deux machines à deux couleurs, très bien faites, basées sur le même principe que les machines de 1867. On y remarque cependant quelques modifications de détail intéressantes.

A côté de ces machines en deux couleurs, il y avait à l'Exposition deux autres machines: l'une à quatre couleurs, reposant sur le principe des machines en deux couleurs décrites ci-dessus, et la seconde à six couleurs, dans laquelle les clichés cylindriques sont placés sur des cylindres. Ces machines n'ont pas donné en présence du jury les résultats qu'en attendaient les inventeurs.

Presses en retiration. — Il n'y avait que des presses en retiration de constructeurs français à l'Exposition. Dans celle exposée par la maison Marinoni, on remarque l'emploi des chargeurs mobiles, que cette maison applique à beaucoup de machines pour rendre meilleure la distribution de l'encre.

Le type exposé par MM. Alauzet et Cie est remarquable en ce qu'il imprime soit avec du papier continu, soit avec du papier coupé. Dans le premier cas, on n'a pas besoin de margeur. Cette machine peut se transformer aussi en deux machines en blanc avec pointure.

Le type exposé par la maison Voirin a une particularité intéressante dans la disposition du pignon de commande. Au lieu d'employer le pignon elliptique de M. Normand, dont l'axe est incliné tantôt dans un sens, tantôt dans l'autre, ce qui nécessite un joint Cardan, ce constructeur laisse le pignon fixe et rend au contraire la crémaillère en acier, mobile, au moyen d'un système de parallélogrammes.

Presses à réaction. — Deux machines à réaction figuraient à l'Exposition : l'une à deux cylindres de M. Marinoni, et l'autre à quatre cylindres de MM. Alauzet et Cie. Ces machines, très bien construites, ne présentent que des particularités de détail.

Presses rotatives. — Les presses rotatives employées par les journaux étaient peu connues au moment de l'Exposition de 1867;

Gr. VI.
—
Cl. 60.

elles sont au contraire très répandues aujourd'hui, et les spécimens qui ont figuré à l'Exposition prouvent que c'est vers ce type que les constructeurs ont dirigé leurs études.

Sept presses rotatives ont figuré à l'Exposition; presque toutes ont fonctionné et ont montré au public avec quelle vitesse on est arrivé à imprimer les journaux. Il n'y a guère qu'une dizaine d'années que la machine rotative est venue remplacer la machine à réaction, qui était alors la plus employée dans les journaux.

Dans les machines rotatives, on emploie des clichés cylindriques, obtenus avec des flans en carton qui sont pris sur une forme plate composée. Ces flans sont ensuite cintrés pour y couler la matière et obtenir des clichés cylindriques. Ces derniers sont fixés sur les cylindres de la machine rotative qui est disposée pour recevoir deux cylindres à clichés, correspondant au recto et au verso du journal à tirer. En regard de chaque cylindre à cliché, il y a un cylindre portant un blanchet; à l'opposé de ce dernier cylindre, il y a un rouleau encreur, qui se trouve en contact avec les clichés pour donner l'encre nécessaire.

Le papier employé, généralement continu avec ce type de machines, passe d'abord entre le premier cylindre à clichés et le cylindre à blanchet correspondant, pour revenir ensuite entre les deux cylindres de la seconde paire.

Les machines rotatives sont généralement munies de coupeuses mécaniques pour séparer les exemplaires, et d'accumulateurs de feuilles, pour amener plusieurs feuilles, quatre, par exemple, à la raquette.

Enfin, dans certaines machines exposées, on pouvait remarquer des plieuses mécaniques qui étaient placées à la suite de la presse.

Ces machines à journaux étaient un des principaux attraits de l'exposition du matériel de l'imprimerie.

Parmi les maisons qui exposaient des presses rotatives, on remarquait la maison Marinoni, qui avait présenté trois presses de ce système.

La première était disposée pour imprimer, couper, compter et ranger les journaux de petit format par simple exemplaire.

Gr. VI.
—
Cl. 60.

La seconde presse rotative était disposée pour imprimer, couper, compter et ranger les journaux du format des grands journaux français.

Enfin la troisième était analogue aux précédentes, mais elle avait en plus une plieuse mécanique, disposée pour donner les cinq plis adoptés dans les journaux français.

Un autre constructeur français, M. Derriey, exposait deux machines rotatives :

L'une à format variable, de manière à permettre, avec une même machine, de tirer des journaux de différentes grandeurs: l'autre à format fixe.

Ces deux presses sont remarquables par leur bonne construction: elles occupent très peu de place, et malgré cela, les différentes pièces sont très abordables.

Une troisième maison française, celle de MM. Alauzet et Cie, a exposé une machine rotative pour imprimer des journaux illustrés.

Cette presse, très intéressante, comportait un encrage puissant, obtenu par une double touche, et un système pour atténuer le maculage. Elle était munie de clichés courbes en cuivre, obtenus par la galvanoplastie.

Enfin, une maison anglaise, *The illustrated London News*, a exposé une machine rotative pour les journaux illustrés. Elle était munie de clichés courbes en cuivre galvanique; elle ne comportait pas d'appareil à décharge pour empêcher le décalcage sur le cylindre.

A la suite de la presse se trouvait une plieuse mécanique très bien installée.

Cette machine était très bien construite: le reproche qu'on pouvait lui faire, c'était d'occuper une superficie très grande, comparativement à celle nécessaire aux machines françaises.

Petites presses et numéroteurs.

Petites presses. — La fabrication des petites presses pour imprimer les cartes de visite, les têtes de lettre, etc., s'est bien développée depuis quelques années. On voyait à l'Exposition un certain nombre de ces presses, provenant de constructeurs français, anglais ou américains.

Dans ces presses, dont les unes marchent par le pied, les autres par la main, l'encrage, la distribution et la touche sont analogues à ceux des presses mécaniques typographiques. Les clichés, planches ou caractères sont placés et fixés sur un marbre, qui a souvent un mouvement circulaire, de manière à venir rencontrer le papier à imprimer, qui, placé sur une plaque avec blanchet et mise en train, est aussi animé d'un mouvement circulaire.

Numéroteurs. — Il y avait à l'Exposition une grande variété de numéroteurs, depuis les numéroteurs à main, jusqu'aux platines à numéroter les actions ou les obligations de chemins de fer; la plus grande partie de ces objets était exposée dans la section française.

La maison Ravasse et Cie avait une exposition très complète de numéroteurs à main, qui reposent sur l'emploi d'un levier à griffe pour faire avancer les molettes du numéroteur.

D'autres constructeurs exposaient des assortiments complets de numéroteurs.

M. Trouillet, entre autres, avait disposé une platine à numéroter les actions sur une presse de M. Alauzet.

M. Derriey exposait aussi une platine à numéroter les obligations de chemins de fer.

Dans ces platines, tous les numéroteurs changent à la fois au moyen d'un levier mis en mouvement par la presse qui porte la platine à numéroter.

Plusieurs machines à numéroter les traites et bons du Trésor figuraient à l'Exposition; elles étaient intéressantes parce qu'elles donnaient d'abord le numéro en relief comme on l'obtient avec un timbre sec, puis elles l'encraient sur sa partie saillante. Ce résultat était obtenu au moyen d'un numéroteur en acier et de sa contre-partie en creux, qui était en cuivre. La traite est placée entre les deux numéroteurs et reçoit le foulage des chiffres du numéroteur; aussitôt après, la traite, encore en contact avec le numéroteur, est touchée par un rouleau encreur qui noircit tous

Gr. VI.
—
Cl. 60.

Gr. **VI.**

Cl. **60.**

les chiffres en saillie. On obtient ainsi une inscription de la valeur de la traite qu'il paraît impossible de falsifier, parce qu'on ne peut pas modifier les chiffres qui en indiquent la valeur.

Outils divers. — Les outils divers comprennent les machines à timbrer, les machines à perforer et les machines à couper le papier.

La machine à timbrer exécutée par MM. Ravasse et Cie pour le Timbre national est très intéressante. Elle remplace avantageusement le timbrage à la main, qui était employé par l'Administration du Timbre.

Cet outil est conduit par une ouvrière qui est chargée de faire avancer le papier feuille à feuille, de manière à fournir une feuille timbrée par révolution. Cette machine est munie d'un débrayage spécial, marchant avec le pied, qui permet d'arrêter instantanément l'appareil à un moment quelconque.

La même maison exposait des machines à perforer en ligne droite bien construites, des machines pour oblitérer les timbres-poste ou diverses pièces de comptabilité, de petites machines à imprimer, à pédale ou à levier, des machines à folioter, et enfin des machines à rogner, dont une était à plateau tournant et à diviseur universel.

On pouvait remarquer aussi à l'Exposition, outre les nombreuses machines à rogner et à perforer, des machines à bronzer bien construites, qui permettaient d'éviter l'influence pernicieuse des poussières de cuivre sur la santé des ouvriers.

On y voyait aussi une machine à satiner à chaud, pour opérer le séchage des épreuves typographiques.

Le cadre qui est tracé pour ce rapport m'empêche de donner le détail de toutes ces machines intéressantes.

2° MATÉRIEL ET PROCÉDÉS DE LA TAILLE-DOUCE.

Presse mécanique en taille-douce. — A l'Exposition de 1878 a paru pour la première fois une presse mécanique en taille-douce, qui paraît appelée à un grand avenir. Jusqu'alors l'impression en

taille-douce s'obtenait exclusivement à la main: on avait bien fait
des tentatives en Amérique pour arriver à l'impression mécanique
de la taille-douce, mais le mode d'essuyage mécanique des
planches avait toujours été défectueux, ce qui avait empêché l'impression mécanique en taille-douce de se répandre pour le tirage
des gravures.

Il est juste pourtant de rappeler que MM. Godchaux frères
avaient fait connaître, à l'Exposition de 1867, une machine en
taille-douce, destinée à imprimer les cahiers d'écriture; mais cette
machine ne pouvait pas s'appliquer aux gravures.

L'une des machines que M. Guy a présentées à l'Exposition de
1878 ressemble beaucoup à une presse typographique en blanc;
elle paraît résoudre parfaitement le problème de l'impression mécanique de la taille-douce. L'invention vise surtout le mode
d'essuyage, qui consiste à mettre la planche encrée en contact
avec des plaques légèrement élastiques garnies de chiffons et re-
couvertes d'un calicot sans fin, qui se déplace à chaque épreuve
d'une petite quantité, pour qu'il y ait toujours une partie de calicot propre pour terminer l'essuyage. Ces matelas élastiques et le
calicot sont animés d'un mouvement rapide, dans un sens perpen-
diculaire au mouvement de la planche en taille-douce qui est fixée
sur le marbre d'une machine analogue à une presse typographique.
Lorsque la pièce de calicot est entièrement salie, on la remplace
par une autre, et l'on fait blanchir la première, qui est chargée
d'encre.

Cette machine peut produire de 6 à 10 épreuves par minute,
soit de 360 à 600 épreuves à l'heure.

Le grand avantage de cette presse, c'est d'avoir un tirage très
régulier. Il faut pourtant ajouter que cette machine ne peut donner des épreuves de luxe comme celles obtenues à la main par
un habile ouvrier; mais pour des tirages courants, cette machine
paraît donner de très bons résultats.

M. Guy exposait une seconde machine en taille-douce à planches
courbes, fixées sur un cylindre. Un second cylindre presseur était
en contact avec le premier, et la feuille à imprimer passait entre
les deux cylindres. Des essuis du même système que ceux de la

machine plate étaient disposés sur le cylindre portant le cliché courbe.

Cette seconde machine est encore plus expéditive que la première, car elle produit de 600 à 900 feuilles à l'heure.

Il est présumable que ces deux nouvelles machines permettront à la taille-douce de se répandre dans le commerce, car le prix des épreuves en taille-douce obtenues à la main est trop élevé pour qu'on puisse les appliquer à des travaux courants.

3° MATÉRIEL ET PROCÉDÉS DE LA LITHOGRAPHIE.

Presses mécaniques lithographiques. — Les presses mécaniques lithographiques exposées étaient toutes cylindriques, sauf une, qui était à râteau.

Les presses cylindriques sont analogues aux presses typographiques en blanc; elles ont en plus des rouleaux mouilleurs. Celles exposées ne diffèrent que par des détails des presses ordinaires.

Huit presses lithographiques de différents constructeurs, tous Français, figuraient à l'Exposition.

Celle exposée par M. Voirin, l'un des premiers parmi les constructeurs qui ont contribué à rendre pratiques les presses lithographiques, est remarquable par son exécution. Elle possède un encrage des plus puissants, composé de dix-huit rouleaux, dont six toucheurs. Les moyens de repérage sont tellement précis, qu'on peut imprimer deux fois la même feuille sans aucun décroisement des deux impressions. Ce repérage se fait au moyen de pointures qui s'introduisent dans l'intérieur du cylindre, sans nécessiter l'enlèvement des étoffes. Le mouillage dans cette machine est automatique; il est obtenu au moyen d'un cylindre en cuivre plongeant dans l'eau et d'un cylindre preneur. Ce mécanisme ressemble à celui employé pour l'encrage des machines typographiques. Le calage des pierres est obtenu par quatre vis, qui sont maintenues par leur volant de manœuvre, ce dernier sert aussi à empêcher le desserrage de ces vis.

La presse lithographique exposée par MM. Alauzet et Cie pré-

sente comme particularité un système de calage obtenu au moyen **Gr. VI.**
de quatre vis, se manœuvrant à volonté à la fois ou séparément.
Les rouleaux sont munis d'un débrayage qui arrête instantanément **Cl. 60.**
la machine et qui, en même temps, soulève tous les rouleaux.
Enfin la crémaillère de commande des marbres est en deux parties, pour permettre de rattraper le jeu produit par l'usure.

Une des particularités de la machine cylindrique exposée par
MM. Dupuy et fils consiste dans la régularité du mouvement du
marbre; il n'y a pas de vitesse nulle aux extrémités de la course.

Le même constructeur exposait une seconde machine lithographique mécanique à râteau, qui était nouvelle. Dans cette machine, la pression est obtenue avec un râteau, comme dans les
presses lithographiques à bras. Un cuir-tympan se déroule devant
le râteau au fur et à mesure de son avancement; au contraire,
pendant le retour du râteau, le cuir s'enroule sur un cylindre. Le
râteau passe au-dessus des pointures, puis descend entre ces pointures pour donner la pression nécessaire à l'impression. C'est le
même ouvrier qui marge la feuille et qui l'enlève après son impression.

Les autres presses lithographiques exposées sont bien construites,
mais comme elles ne présentent pas des dispositions bien différentes de celles du type ordinaire, je ne m'y arrêterai pas.

Enfin il est intéressant de citer la machine zincographique de
M. Wibart, dans laquelle le zinc était fixé sur un cylindre au moyen
de pinces. Cette machine peut, dans certains cas, remplacer la
presse lithographique. Son principal avantage consiste dans la
plus grande facilité que l'on a de conserver les planches de zinc,
beaucoup moins chères et surtout moins encombrantes que les
pierres lithographiques.

4° ACCESSOIRES ET USTENSILES D'IMPRIMERIE.

Pierres lithographiques. — Il y avait à l'Exposition de beaux
échantillons de pierres lithographiques, provenant pour la plupart de carrières françaises. Un de ces échantillons, très remarquable, mesurait plus de 1 mètre de largeur sur près de 2 mètres
de hauteur.

Clichés galvaniques. — La galvanoplastie a fait de grands progrès dans ces derniers temps; les clichés obtenus par moulage en cire ou par moulage à la gutta-percha atteignent la plus grande finesse. On pouvait s'en rendre compte par l'examen des expositions de nos meilleurs galvanoplastes, qui n'ont pas manqué de présenter leurs produits.

Rouleaux. — Les rouleaux sont employés dans les machines lithographiques et dans les machines typographiques.

Les rouleaux des premières sont généralement en cuir, et l'on pouvait examiner des produits de cette espèce dans la section française. Il y avait dans la section anglaise des rouleaux en caoutchouc pour la lithographie qui étaient très remarquables.

Quant aux rouleaux typographiques, ils sont en matière à base de colle forte et de mélasse ou de glycérine. Plusieurs maisons françaises, parmi lesquelles quelques fabricants d'encres, avaient exposé des rouleaux de cette espèce, de très bonne qualité.

Encres d'imprimerie. — Les fabricants d'encres d'imprimerie avaient une exposition remarquable d'encres, de vernis et de matières qui sont employées pour obtenir les encres noires ou celles de couleur.

Parmi les principales expositions françaises en ce genre, il faut citer celle de M. Lorilleux fils aîné, très remarquable par les séries de couleur qu'elle présentait, et celle de M. Lefranc, qui renfermait de beaux échantillons de sa fabrication.

5° MACHINES À PAPIER PEINT.

L'industrie du papier peint avait été réunie à la classe 60.

Le papier peint fabriqué en France s'obtient généralement à la forme, et l'introduction des machines à papier peint dans la fabrication française ne date que de quelques années, tandis que depuis longtemps elles sont adoptées dans d'autres pays, en Angleterre par exemple.

A l'Exposition, on voyait plusieurs machines pour le papier

peint dans la section française; elles étaient à six, huit ou douze **Gr. VI.**
couleurs.

Cl. 60.

Une des plus intéressantes et des plus solidement construites était exposée par MM. Tulpin frères, de Rouen. Elle était surtout remarquable par la facilité que l'on a d'aborder toutes les pièces, et aussi par le mode de réglage de la machine.

A côté des machines à imprimer, on voyait des machines à foncer le papier peint. Celle exposée par MM. Tulpin frères était munie d'un train épicycloïdal pour commander les brosses.

Sur l'une des machines à papier peint exposées étaient placés des rouleaux gravés qui étaient remarquables par leur bonne fabrication.

CHAPITRE III.

MATÉRIEL ET PROCÉDÉS DES TEINTURES.

Le matériel des teintures était largement représenté à l'Exposition; on pouvait en effet examiner des machines à teindre, à essorer les étoffes, à secouer et à dresser la soie. Il y avait aussi des machines à griller les étoffes et des machines à apprêter et à élargir les tissus.

La machine à teindre exposée par M. Carron est nouvelle et intéressante; elle remplace avec avantage le travail à la main par un travail mécanique. A cet effet, les matières à teindre, des écheveaux de soie par exemple, sont suspendues sur des bâtons en bois, au moyen d'un mécanisme simple et ingénieux, permettant aux écheveaux de plonger dans le bain de teinture. Un mouvement de translation des bâtons portant les écheveaux force ces derniers à voyager dans le bain, non seulement verticalement, mais encore horizontalement. On est sûr alors que la matière prend la teinture dans toutes ses parties.

Au sortir du bain, les écheveaux sont placés dans une essoreuse à bâtons et à fils droits, qui permet de les sécher vivement par la force centrifuge. Cet appareil. qui est le complément de la machine à teindre, permet de sécher un poids considérable de matière en quelques minutes.

A la suite de ces deux appareils, M. Carron a exposé une machine à secouer et à dresser, remplaçant très heureusement le secouage à la main, qui est une opération très fatigante. Cette machine est munie d'un contrepoids qui, en tombant, tend brusquement les fibres et les lustre en même temps qu'il les secoue.

L'exposition de MM. Buffaud frères était remarquable par le fini des machines qui s'y trouvaient. Elle se composait de huit essoreuses de différents systèmes, de machines à cheviller, à secouer, à étirer et à lustrer les soies.

La plupart de ces machines portent leur petit moteur à va-   **Gr. VI.**
peur.
                                                             Cl. 60.
MM. Tulpin frères exposaient aussi des machines de teinture.

La première est une machine circulaire à laver les écheveaux de soie ou autres matières. Le lavage dans cette machine est méthodique, car l'eau de lavage circule en sens inverse des écheveaux. Le secouage des échevaux se fait aussi méthodiquement.

A côté de cette machine, les mêmes exposants avaient :

1° Une machine à pinces, très bien comprise, pour apprêter et élargir les étoffes;

2° Une machine à calandrer les étoffes, très solidement construite, qui portait son moteur à vapeur.

MM. Pierron et Dehaître présentaient à l'Exposition, outre un nombre considérable d'outils pour la papeterie, l'imprimerie et la reliure, deux machines ingénieuses pour élargir les étoffes. Dans l'une de ces machines, l'élargissement était obtenu par l'augmentation du diamètre des rouleaux.

Les mêmes exposants présentaient en outre une machine à griller les étoffes par le gaz. L'étoffe, dans cet appareil passait sur un rouleau avec une certaine vitesse; devant ce rouleau étaient placée une série de becs de gaz dont la flamme, réglée par des robinets, venait lécher l'étoffe pour la griller.

Gr. VI.

—

Cl. 60.

CHAPITRE IV.

CONSIDÉRATIONS GÉNÉRALES ET SPÉCIALES SUR LES PROGRÈS RÉALISÉS
DEPUIS LA DERNIÈRE EXPOSITION UNIVERSELLE.

La classe 60 comprenait, comme je l'ai indiqué plus haut, trois industries distinctes : la papeterie, l'imprimerie et la teinture.

Les *procédés de la papeterie* ont été perfectionnés depuis la dernière exposition universelle; mais ils n'ont pas été l'objet d'inventions nouvelles importantes. On emploie toujours les mêmes machines, seulement elles ont été améliorées.

Ainsi, par exemple, la fabrication de la pâte de bois a pris un énorme développement depuis 1867; mais le principe même de la machine à défibrer le bois avait été mis sous les yeux du public à l'Exposition de 1867. La pâte de bois entre maintenant dans une certaine proportion dans les papiers communs. Elle diminue la résistance du papier, parce que la pâte préparée mécaniquement ne présente pas de fibres pouvant se feutrer comme les fibres des chiffons de toile ou de coton.

Cette industrie s'est surtout développée en Suède et en Norwège, parce que ces pays possèdent non seulement des forêts produisant un bois convenable pour ces industries, mais aussi des chutes d'eau puissantes, qui donnent la force nécessaire pour faire marcher économiquement les défibreuses.

La France, au contraire, n'est pas placée dans des conditions aussi avantageuses pour les bois nécessaires et surtout pour les forces hydrauliques; aussi l'industrie de la pâte de bois mécanique n'a-t-elle pas pu se répandre comme en Suède et en Norwège; par contre, la fabrication de la pâte chimique a été très étudiée en France, et si l'on parvient, par des procédés ingénieux, à diminuer le prix de revient actuel de la pâte chimique et à le ramener sen-

siblement à celui de la pâte mécanique, il est à peu près certain
que cette industrie prendra un grand essor en France.

Dans certains pays, en Belgique par exemple, on tend à produire de la pâte de bois dite demi-chimique. Elle est obtenue par la voie chimique combinée avec les moyens mécaniques.

Les *procédés d'impression* ont reçu depuis onze ans de grands perfectionnements. Ainsi, les machines rotatives, dont un modèle avait été exposé en 1867, ont reçu depuis cette époque des améliorations si importantes, qu'on peut considérer ces machines comme une invention nouvelle. Ces machines, il y a dix ans, exigeaient deux, quatre ou six margeurs; aujourd'hui elles marchent avec du papier continu sans margeur. En plus d'une économie de main-d'œuvre très considérable, puisqu'on supprime six margeurs, ces machines produisent davantage, car elles marchent plus vite.

C'est à la dernière exposition que l'on vit apparaître pour la première fois des presses rotatives à papier continu pour les journaux illustrés. Jusqu'alors les journaux illustrés s'imprimaient sur des formes plates; on n'avait pas encore essayé d'appliquer à ce travail les formes cylindriques. Il est probable que d'ici à peu de temps elles se répandront, car leur produit est plus considérable que celui des machines employées précédemment pour les journaux illustrés.

A côté de ces presses rotatives, on pouvait voir la presse mécanique en taille-douce, qui est une invention toute récente, qu'on peut mettre à l'actif de l'Exposition de 1878. Le principal avantage de cette nouvelle presse est de rendre l'impression en taille-douce beaucoup moins chère, et par suite de permettre la vulgarisation de ce genre d'impression qui, pour les travaux ordinaires, avait été abandonné à cause de son prix élevé.

Le *matériel et les procédés de teinture* ont été bien modifiés et améliorés depuis une douzaine d'années. La teinture qui se faisait au trempé et à la main est remplacée avantageusement par des moyens mécaniques qui ont le grand avantage de donner une régularité plus complète à la teinture.

Gr. VI.

Cl. 60.

Enfin, l'application d'un type spécial d'essoreuse pour le séchage après la teinture paraît destinée à rendre de grands services à cette branche d'industrie.

ERMEL,

Ingénieur, professeur à l'École centrale,
chargé de la fabrication des billets
à la Banque de France.